Bukin teraa ngkai iai aia buua kangkeruu?

Te korokaraki iroun Janine Deakin

Library For All Ltd.

E boutokaaki karaoan te boki aio i aan ana reitaki ae tamaaroa te Tautaeka ni Kiribati ma te Tautaeka n Aotiteeria rinanon te Bootaki n Reirei. E boboto te reitaki aio i aon katamaaroaan te reirei ibukiia ataein Kiribati ni kabane.

E boreetiaki te boki aio iroun te Library for All rinanon ana mwane ni buoka te Tautaeka n Aotiteeria.

Te Library for All bon te rabwata ae aki karekemwane mai Aotiteeria ao e boboto ana mwakuri i aon kataabangakan te ataibwai bwa e na kona n reke irouia aomata ni kabane. Noora libraryforall.org

Bukin teraa ngkai iai aia buua kangkeruu?

E moan boreetiaki 2022
E moan boreetiaki te katootoo aio n 2022

E boreetiaki iroun Library For All Ltd
Meeri: info@libraryforall.org
URL: libraryforall.org

Atuun te boki Bukin teraa ngkai iai aia buua kangkeruu?
Aran te tia korokaraki Deakin, Janine
ISBN: 978-1-922844-63-7
SKU02279

Bukin teraa ngkai iai aia buua kangkeruu?

A aranaki buniia
kangkeruu bwa taian
tiouii, a ikawai rake
i nanon te buua ae
toma ma kunin
rabwatan tinaia.
Ko ataia bwa bukin
teraa?

Ngkana a bungiaki tiouii, ao buuburaia kaanga buuburan ukin baim.

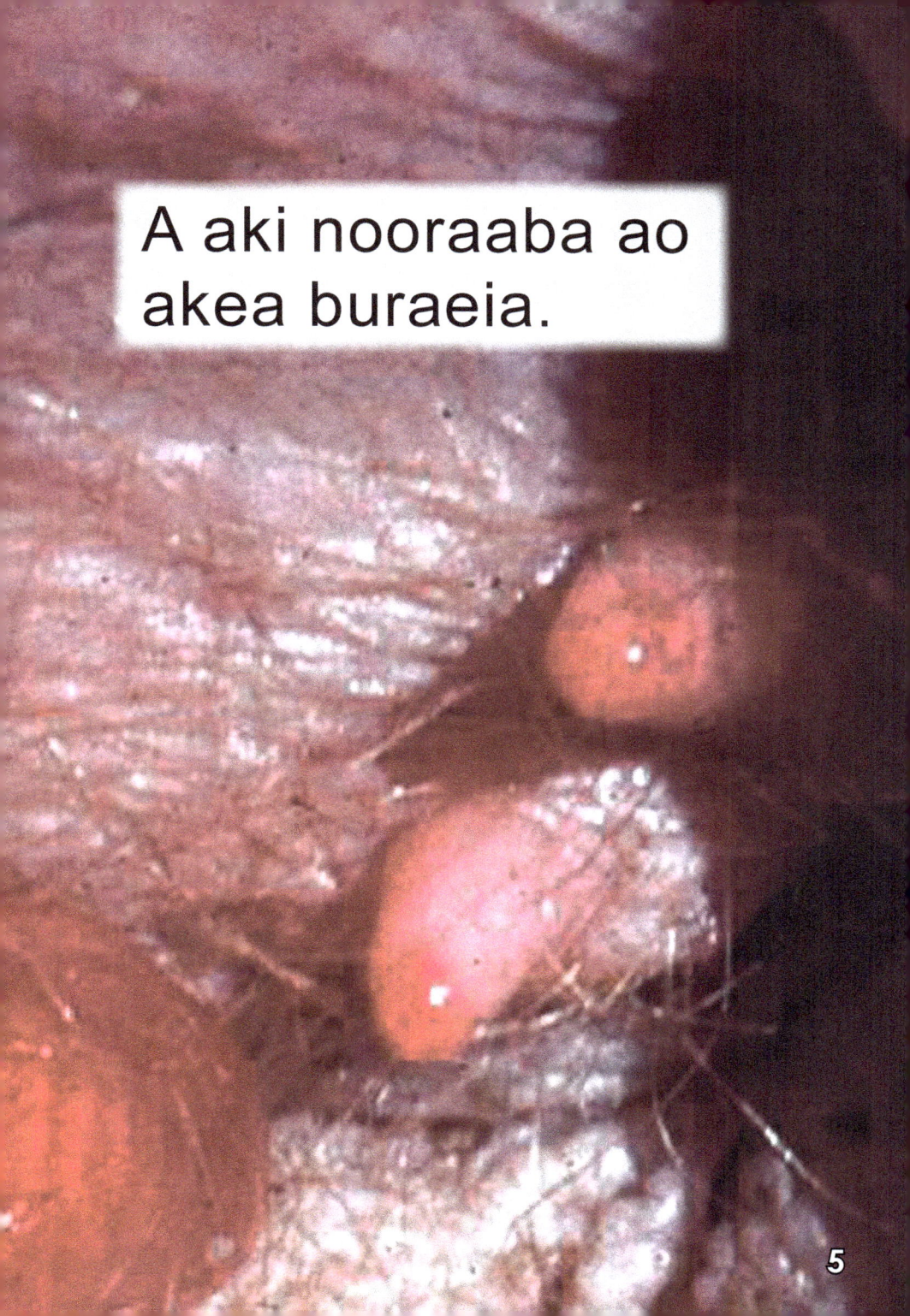

A aki nooraaba ao akea buraeia.

Iai baiia aika korakora
ae a kona n tamwarake
iai nako nanon te buua
ma a ngore rangaia.

A kainnanoa aia tabo ae
a na kaikawaakirake iai
ae mano ao e aabuee.

A aki nanakonako mai i rarikin tinaia, bwa a tiitiku naba i nanon te buua n te aro bwa a na aki bua.

A kakammammaaki
iroun tinaia ibukin
buokan rikiraken
rabwataia.

Ko aki kona n nooriia ni karokoa a ikawai ao n rawata buraeia, a nooraaba ao ni kona ni kibakiba.

E riki aio i nanon tabeua te namwakaina i mwiin bungiakiia. Ao i mwiin aanne, a tibwa kona n otinako man te buua, bwa a na amwarake ao n takaakaro.

Ngkana a roko n te buubura are a aikoa tau iai i nanon te buua, ngkanne a tauraoi n tei i aon waeia i bon irouia.

Taian koaara, wombaeti, banikuuti, botiam ao katikati, bon iai buuaia i aon kuniia.

Te buua aio ai aron buuan te kunnikai, a bane ni kakaokoro teia ma buuburaia. Iai aika uarereke. Iai aika rangi ni bwanganako. Iai aika kona n rin maan aika mwaiti i nanoia, ao iai aika e bon tau iai tii temanna.

Bon tiaki tii bunin te man ae e na kona n nooraki i nanon te buua. I nanon ana buua te ikitina, ko na kona n noori bunimoa aika a tataningaa aia tai n raure.

A rangi ni kakaawaki buua aikai irouia kangkeruu ke ikitina, wombaeti ke koaara, ibukina bwa a tobwaaki raoi iai buniia aika a uarereke, bwa a na mano ao n aabuee i nanon rikirakeia.

Ko kona ni kaboonganai titiraki aikai ni maroorooakina te boki aio ma am utuu, raoraom ao taan reirei.

Teraa ae ko reiakinna man te boki aio?

Kabwarabwaraa te boki aio.
E kaakamanga? E kakamaaku?
E kaunga? E kakaongoraa?

Teraa am namakin i mwiin warekan te boki aio?

Teraa maamaten nanom man te boki aei?

Karina ara burokuraem ni wareware
getlibraryforall.org

Rongorongon te tia korokaraki

Janine Deakin bon te tia reirei ae e bane arona i aon kaawakinaia maan man te University of Canberra. E a kaman rio ana kan kakaae Janine i aoia maan ngke ai tibwa onoua ana ririki. Ngke e uareereke ao e maamate nanona ni maan aika a bungiaki ao a kaikawaaki rake i nanon te buua iroun tinaia ao e a tia ni kabanea ana tai n ukerii rongorongoni maiuiia maan aikai aika a rangi ni kakaongoraa. I nanon mwaawan ana tai, ao e taatangiria Janine ni kakaakibotuna n nakonako ao n unuuniki.

Ko kukurei n te boki aei?

Iai ara karaki aika a tia ni baarongaaki aika a kona n rineaki.

Ti mwakuri n ikarekebai ma taan korokaraki, taan kareirei, taan rabakau n te katei, te tautaeka ao ai rabwata aika aki irekereke ma te tautaeka n uarokoa kakukurein te wareware nakoia ataei n taabo ni kabane.

Ko ataia?

E rikirake ara ibuobuoki n te aonnaaba n itera aikai man irakin ana kouru te United Nations ibukin te Sustainable Development.